Yo puedo usarlos

Daniela Zoto

(l)Andy Zito/Illustration Works/Getty Images, (r)©JGI/Jamie Grill/Blend Images/Corbis

Yo veo un mapa.

Yo puedo usar el mapa.

Yo veo un palo.
Yo puedo usar el palo.

Yo veo la lupa.

Yo puedo usar la lupa.

(l) ©Stockbyte/PunchStock, (r)Peter Zander/Lifesize/Getty Images

Yo veo la pala.
Yo puedo usar la pala.

(l)Exactostock/SuperStock, (r)©Radius Images/Corbis

Yo veo la lata.
Yo puedo usar la lata.

Yo veo un telar.
Yo puedo usar el telar.

Yo puedo usar...
¡El mapa, la lupa
y la lata!
¡El telar, la pala
y el palo!